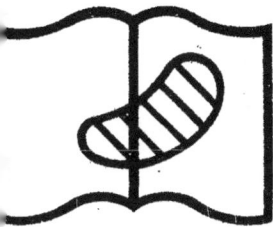

Illisibilité partielle

Contraste insuffisant
NF Z 43-120-14

Texte détérioré — reliure défectueuse
NF Z 43-120-11

Valable pour tout ou partie
du document reproduit

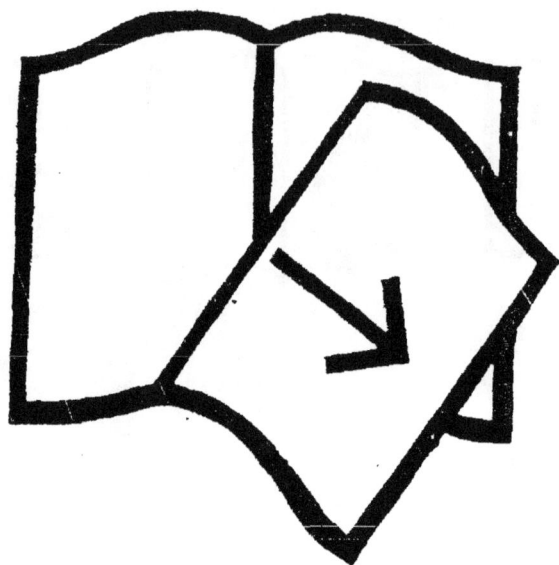

Couverture inférieure manquante

Original en couleur

NF Z 43-120-8

RAPPORT

SUR UNE COLLECTION

DE

COPIES D'ARRÊTS CRIMINELS

DU PARLEMENT ET DES GRANDS-JOURS DE TROYES

FAITE PAR M. LE COMTE DE CHASTELLUX

(1535-1614)

PAR

M. Max. QUANTIN

AUXERRE

IMPRIMERIE ET LITHOGRAPHIE DE L. BONSANT

—

1890

(24)

À Monsieur Léopold Deliste
Membre de l'Institut

Hommage affectueux
Max Quantz

RAPPORT

COLLECTION DE COPIES D'ARRÊTS CRIMINELS

DU PARLEMENT ET DES GRANDS-JOURS DE TROYES (1)

FAITE PAR M. LE COMTE DE CHASTELLUX (2)

(1535-1614)

Par M. Max. Quantin.

MESSIEURS,

J'ai déjà eu l'honneur plusieurs fois de déposer sur le Bureau, au nom de M. le comte de Chastellux, notre zélé confrère, des copies de chartes et autres documents inédits tirés de la Bibliothèque et des Archives nationales, concernant les pays qui forment aujourd'hui le département de l'Yonne. Ces recueils comportent trois volumes in-4°, le quatrième, aujourd'hui commencé, présente un intérêt différent des précédents et reproduit des copies d'arrêts criminels ou civils du Parlement de Paris du XVIᵉ et du XVIIᵉ siècles, et surtout des arrêts de la Cour des Grands-Jours de Troyes, de l'an 1583, le tout formant plus de 350 pages. M. de Chastellux, en compulsant patiemment les nombreux registres de la Cour, y a relevé tout ce qui touche aux personnes ou aux seigneuries de nos pays. Je veux seulement en quelques pages signaler l'intérêt de plusieurs de ces documents.

1536.

Voici d'abord un long arrêt concernant des individus de Maligny soutenus par François de Ferrières, leur seigneur, contre les tuteurs du jeune Henri de Lautrec, seigneur de St-Florentin, intimés;

(1) Archives Nat. Registres des Arrêts criminels du Parlement. X, ²ᵃ, 143.

(2) Lu dans la séance du 3 novembre 1889.

La cause est telle :

A la fête du village de Collan (1) St-Maurice, 1534, P. Thierriat, greffier de St-Florentin et quelques particuliers de cette ville, et d'autres de Maligny s'y trouvèrent « et y firent grande chère. » En s'en retournant chez eux, ces derniers furent assaillis par ceux de St-Florentin — qui furent repoussés, mais nonobstant ils poursuivirent trois des habitants de Maligny devant la justice de ce lieu ; puis l'affaire subit plusieurs incidents soulevés sur les droits respectifs des tribunaux de Maligny et de St-Florentin ; — appels des parties, etc. A la fin duquel arrêt, la Cour renvoie deux des habitants de Maligny devant le bailli de Troyes, et donne congé aux intimés contre les autres.

Un caractère particulier de ce volumineux arrêt, c'est l'introduction au milieu de certaines phrases, d'une courte sentence latine qui vient comme accentuer la force du raisonnement. C'était un reste de la pratique en usage dans la procédure que deux ordonnances royales de 1510 et de 1529 avaient en vain essayé de proscrire, pratique qui ne disparut qu'après une troisième ordonnance de l'an 1539.

Marguerite de Velu, dame de Valery, avait eu pendant longtemps à son service, comme domestiques, Guillaume Driot, qui se qualifie écuyer, et sa femme. Cette dame étant tombée malade est devenue folle ; alors ses parents prièrent tant les Driot de vouloir bien la soigner qu'ils acceptèrent. Cela dura ainsi dix ou onze mois. Mais après sa guérison, la dame porta plainte contre ses gardiens, les accusant de mauvais traitements et de l'avoir volée. Les Driot furent arrêtés et poursuivis. Le Parlement, sur appel du prévôt de Paris, ordonna que l'affaire serait continuée devant lui. L'opinion des médecins qui avaient déclaré la dame de Valery folle, est traitée fort lestement par son procureur, « car, dit-il, une opinion de médecins n'est pas arrest, mais oppinion de folz juges. » (17 juin 1536).

« Un pauvre homme de labour », Pierre Vinot, de Villefargeau, contre Marie du Lac, dame de Villefargeau, condamné à la prison par le bailli d'Auxerre, en appelle de la sentence au Parlement, qui renvoie les parties à quinzaine par devant le même bailli d'Auxerre. (16 avril 1537).

Un acte qui montre la haute impartialité du Parlement est celui-ci : Blaise Carré, prisonnier en la Conciergerie du palais, en appel d'une sentence du bailli d'Auxerre (on ignore pour quelle cause), avait pour adversaire messire Philippe de Chastellux, sei-

(1) Village du canton de Tonnerre.

gneur dudit lieu. Mais la femme de Carré ayant déclaré à l'appel
de la cause qu'elle n'avait ni avocat ni procureur, probablement
parce qu'elle n'avait pas le moyen de les payer, la Cour a chargé
du soin de la défense de l'accusé Mᵉ Jean Fromager, procureur, et
Mᵉ Rebons, avocat, « et enjoint à Fromager de bien veoir les be-
songnes d'icelluy appelant et d'en faire son debvoir. » (9 juillet 1538).

Nous passerons aux arrêts des Grands-Jours de Troyes, en 1583.
Le nom donné à cette Cour indique un tribunal qui va siéger ex-
ceptionnellement, avec des pouvoirs extraordinaires, afin de réprimer les crimes que le malheur des temps avait vu s'accroître
d'une manière effrayante, et que la faiblesse des tribunaux ordinaires ne pouvait assez promptement réprimer. On connaît par les
Mémoires de Fléchier (1) l'histoire des Grands-Jours d'Auvergne
tenus en 1665, à Clermont, par ordre du Roi. Les punitions terri-
bles frappées par cette Cour qui atteignirent les têtes les plus éle-
vées de la province, firent rentrer dans le devoir tous ceux qui
s'en étaient écartés, et servirent de leçons dans toute la contrée.

Une autre partie de la France, le Languedoc, vit aussi, en 1666-
1667, siéger à Nîmes, une commission des Grands-Jours qui ne fut
pas moins sévère contre les criminels de la plus haute noblesse
de cette province que la commission des Grands-Jours d'Auvergne. M. Paul Leblanc, a publié à Paris, en 1869, *Le Journal de
J. Baudouin, secrétaire de la commission de Nîmes*, et nous fait
connaître la situation lamentable du Languedoc au point de vue de
la répression des crimes.

M. A. de Boislile (2), à propos d'une communication faite au Comité des travaux historiques, en 1886, par M. l'abbé Réné, du rôle
des dépenses faites par les receveurs municipaux de Nîmes, soit
pour la réception et l'installation des magistrats des Grands-Jours,
soit pour l'exécution de leurs sentences, reproduit en détail le récit
donné sur ce terrible tribunal par l'académicien Ménard, il y a
plus d'un siècle, dans son *Histoire de Nîmes*, et signale en même
temps la lacune qui existe sur ce sujet dans la plupart des his-
toires du règne de Louis XIV.

Nous renverrons les curieux au Bulletin du Comité des travaux
historiques pour connaître en détail le travail de M. A. de Boislile, où l'on y verra les criminels du plus haut rang poursuivis
sans pitié et subir les peines dues à leur conduite coupable, nous

(1) *Mémoires de Fléchier* sur les Grands-Jours d'Auvergne en 1665,
par M. Chéruel. Paris, 1862, in-12.
(2) Bulletin du Comité des travaux historiques, année 1886, p. 63 et
suiv., *Les Grands-Jours de Languedoc* (1666-1667).

contentant de l'analyse des documents du même genre concernant notre province à la fin du xvıᵉ siècle.

Les recherches de M. de Chastellux s'appliquent à l'année 1583 et concernent les Grands-Jours tenus à Troyes. La Cour ordonne donc la comparution pardevant elle d'accusés de toutes conditions, pour être jugés, ou leur arrestation; ou encore, suivant le cas, après avoir examiné la cause, elle prescrit leur renvoi devant les tribunaux des bailliages royaux de Troyes, de Sens ou d'Auxerre. Nous y joindrons également d'autres copies d'arrêts criminels du Parlement proprement dit, et qui n'offrent pas moins d'intérêt (1).

La forme de ces arrêts de la Cour des Grands-Jours a quelque chose de terriblement impératif. Lorsque, sur la requête du procureur général du Roi, des individus, de quelques conditions qu'ils fussent, nobles, bourgeois, paysans, étaient signalés comme accusés de crimes, la Cour ordonnait leur arrestation, et comme souvent les accusés étaient en fuite, des mesures vigoureuses étaient prises contre eux : Après trois sommations à son de trompe et cri public, à comparoir, mais inutilement, la Cour faisait saisir leurs biens, ordonnait au prévôt des maréchaux du ressort de se transporter en leurs maisons avec ses archers, et prescrivait à toutes les autorités, les seigneurs, etc., de leur prêter main-forte, sous peine d'être déclarés rebelles. Ces mesures jetaient l'effroi chez les criminels qui, habitués aux lenteurs de la justice ordinaire, voyaient qu'il n'y avait pas à badiner avec la Cour. Celle-ci n'hésitait pas davantage à poursuivre et même à faire arrêter les officiers royaux prévaricateurs, et à inviter les juges négligeants à hâter le jugement des procès dont ils étaient chargés; et on est bien étonné de voir figurer certains noms sur ses registres.

(1) Une sentence du Prévôt des Maréchaux de France à Vézelay, du 10 février 1583, rentre dans la catégorie des Arrêts de la Cour, bien qu'elle n'ait pas été ratifiée, probablement à cause de l'énormité du crime qui a entraîné la punition immédiate du coupable.

Germain Painblanc est condamné à être pendu, après avoir fait amende honorable devant la porte de l'église de Sacy, « pour avoir, le jour de Toussaints pris et brisé le calice, s'estre promené revestu du surplis par dérision, maltraité les sonneurs pour les Trespassés, avec blasphèmes. » Un compagnon de Painblanc, est condamné aussi à être fouetté par l'exécuteur, et à être banni pendant un an.

La sentence a été exécutée le lendemain.

Une autre sentence ordonne qu'il sera retenu 585 livres sur les deniers provenant de la vente des biens des deux condamnés (Archives de l'Yonne, Inventaire de la commanderie d'Auxerre, fᵒ 795, vᵒ.)

Il est regrettable que bon nombre des arrêts de la Cour ne fassent que renvoyer aux tribunaux ordinaires les coupables arrêtés ou à arrêter, et qu'on ne voie pas l'issue de ces procès-là. Cependant il n'en est pas moins utile de consulter ces arrêts.

Au milieu de sentences d'une gravité terrible, on rencontre des procès dans lesquels le peu d'importance des affaires permet aux juges de modérer la punition et même de lui donner pour ainsi dire un caractère risible. Une femme Rousselet qui avait volé un mouton à maître Odot Boussard, curé d'Argenteuil (1), avait été condamnée par le prévôt de ce lieu à être attachée au pilori pendant deux heures, la peau du mouton sur le dos, à une forte amende et à être bannie d'Argenteuil, avec d'autres interdictions.

La Cour, maintenant l'article du jugement concernant l'exposition, réduit ou efface le reste. (13 septembre 1583).

Mais arrivons aux affaires sérieuses.

Le maire de St-Florentin, qui avait droit de justice, avait condamné Jean Fynot, Jean Moreau et Jean Pasquet, comme coupables de « blasphêmes exécrables... insolences et dérisions publicques commis et perpétrez contre l'honneur de Dieu, de l'Eglise et des ministres d'icelle, à faire amende honorable audevant la grande église de la ville de St-Florentin, à l'issue de la messe paroissiale, chacun desdits Fynot et Moreau ayant en leurs mains une torche ardente du poix de quatre livres de cyre et estans à genoux, nues testes, pieds nudz et en chemise; déclairer par eulx que témérairement et follement ils avoient commis lesdiz blasphêmes,.. » Fynot fut aussi condamné à cinq ans de galères, et Moreau fut seulement banni.

La Cour n'accueillit qu'en partie l'appel des condamnés, et sévit surtout contre Fynot et ordonna qu'étant mis nu il serait battu de verges, la corde au col, par les rues de la ville, et enfin banni.

Et comme Fynot avait injurié maître Merle Thierriat, bailli de St-Florentin, il fut encore condamné à comparaître devant le maire pour déclarer que c'était calomnieusement qu'il avait proféré des injures contre lui (16 septembre).

Les capitaines des Souches, de Beaulieu, et leurs complices étaient poursuivis par le prévôt des maréchaux de Sens pour des actes de pillage dont le lieu n'est pas désigné; la Cour ordonna de les arrêter et de les amener prisonniers en la Conciergerie de Troyes; et comme on ne peut les saisir, on établit des commissaires sur leurs biens. (22 septembre).

Les condamnés aux galères étaient détenus dans les prisons de

___

(1) Argenteuil, canton d'Ancy-le-Franc (Yonne).

Sc. hist.

40

Sens jusqu'à ce qu'il passât « un conducteur des forsaires, pour iceulx enlever et mener esdites galiaires. »

D'autres arrestations sont ordonnées contre les capitaines Chesnay et Petau, un nommé Lespine, « un qui porte son bras en escharpe, et un nommé Chanton. » Ils seront arrêtés et menés aux prisons d'Auxerre pour être jugés par le bailli de cette ville. (22 septembre).

Un drame étrange est celui de la damoiselle d'Avigneau que la Cour fit arrêter et qui eut ses biens confisqués, étant accusée « du meurtre commis à la petite Jehanne dont elle estoit jalouse. » On arrêta, à cette occasion, le capitaine La Couppe et un nommé Boudault. Mais les ordres de la Cour ne purent être exécutés contre la damoiselle d'Avigneau qui s'enfuit. Le prévôt des maréchaux de Vézelay saisit seulement ses biens et mit des gardiens au château (30 septembre).

Un arrêt du 7 octobre 1583 serait bien intéressant si l'on avait la fin des poursuites commencées. Il existait alors, dans les pays de la Haute-Yonne, des bandes de soudards qui avaient pour unique métier de rançonner les habitants des villages et les voyageurs. Elles avaient à leur tête des capitaines qu'on retrouve ailleurs : le capitaine Rougemont, seigneur de Bazarnes, le capitaine La Couppe (1), puis Léonard Lemuet, seigneur de Corbelin, et son bâtard, le sieur de la Motte-Cullon, messire Denis Chappu, prêtre, demeurant à Chavannes, le caporal La Verrière et un grand nombre d'autres individus affublés de noms de guerre, comme La Violette, La Fleur, La Fontaine-Sans-Soucy, La Verdure, etc., etc. Ils étaient au nombre de 83, suivant les termes de l'arrêt qui ordonne, sur les informations du prévôt des maréchaux de Vézelay et d'autres pays, leur arrestation et leur incarcération dans les prisons d'Auxerre, pour leur procès leur être fait par M. de Bragelogne, conseiller à la Cour, délégué à cet effet. Ce personnage, armé de pleins pouvoirs, devait réquérir au besoin tous les officiers royaux, les seigneurs, les maires et échevins des villes et autres autorités, de lui fournir toutes les forces dont il aurait besoin, sous peine, en cas de refus, d'être déclarés rebelles. Il se transporta à Auxerre et à Vézelay pour procéder aux informations sur les crimes dont la Cour s'était réservé la connaissance. Il avait à sa disposition deux archers de la prévôté de Vézelay pour exécuter ses ordres et qui étaient payés à raison de 20 s. par jour chacun.

(1) Le capitaine La Couppe est déjà poursuivi pour l'affaire de l'assassinat de la petite Jehanne (Voyez plus haut, au 30 septembre.).

Le 15 octobre, la Cour chargea M⁰ Jacques Mallard, conseiller au présidial de Sens, d'informer et d'entendre le sieur Devarillac, orfèvre de cette ville, « sur la cognoissance qu'il a de ceux qui fabriquent et exposent de la fausse monnoie. »

25 octobre. — Arrestation de Mʳᵉ Jehan de Jouy, maître particulier des eaux-et-forêts de Sens, sur la plainte du chapitre cathédral de cette ville.

Un sergent royal et doyen du guet de la ville de Sens, nommé Claude Raoul, avait été tué par Gilles de Laval et trois autres individus, dans l'exercice de ses fonctions. La Cour, ayant pitié de sa veuve chargée de sept enfants, ordonne au prévôt des maréchaux d'arrêter les assassins, mais ils étaient en fuite. (13 novembre).

Un grave procès fut celui que poursuivit le procureur général du roi contre les officiers du bailliage d'Auxerre accusés de concussions et autres malversations commises dans leurs fonctions, et contre tous autres accusés de crimes de la compétence de la Cour. M⁰ Jacquot, prévôt de Troyes, fut délégué à la poursuite avec ordres aux maire et échevins de la ville, au prévôt des maréchaux et autres officiers de justice, d'exécuter ses mandements, et de l'assister dans l'exercice de sa charge. (22 novembre).

Antoine Odoard, dit le capitaine Michery, dont il est parlé plusieurs fois dans les arrêts de la Cour des Grands-Jours, était seigneur de Lissy (Lixy) (1). Pour un crime dont l'objet n'est pas désigné, il avait été condamné par sentence du Prévôt de l'Hôtel du 20 août 1580, « à être rompu vif, brisé sur une roue et exécuté » ; mais c'était en vain que l'arrêt avait été publié à Sens : Odoard n'avait pas été retrouvé. Alors la Cour prononce un dernier et terrible arrêt : sa maison de Lissy sera rasée et démolie, les fossés comblés; les matériaux vendus au profit du roi. Le prévôt des maréchaux est chargé de l'exécution de l'arrêt; — défenses sont faites de rebâtir la maison sans la permission du roi. (22 novembre).

Louis de Lenferna, seigneur de la Mothe-Prunoy (2), avait insulté messire René Martineau, président en l'Élection, et fut poursuivi par le bailli d'Auxerre et ensuite arrêté. La Cour délégua un de ses membres pour instruire l'affaire, et, sur son rapport, condamne l'inculpé à 45 écus d'amende et à 10 écus pour les prisonniers de la Conciergerie de Troyes. Elle lui enjoignit enfin « de porter honneur et révérence à la justice et aux ministres d'icelle, et sans encourir aucune note d'infamie. » (26 novembre).

Par arrêt du 5 décembre, la Cour confirme une sentence du juge

(1) Lixy, canton de Pont-sur-Yonne (Yonne).
(2) La Mothe-Prunoy, commune de Prunoy, canton de Charny.

des religieux de St-Germain d'Auxerre, seigneurs d'Héry, portant condamnation à mort du sieur Descouches, capitaine du château de Seignelay, pour crime d'assassinat d'Edmond Bailly, d'Héry, mais l'assassin était en fuite.

Le 13 décembre, le procureur général du Roi obtient défaut contre le capitaine Lherbier, dit La Ruelle, et sa bande de soldats composée de cinquante-quatre individus porteurs de noms de guerre les plus extraordinaires, tels que : La Folie, La Violette, La Verdure, Mardy-Gras et autres. On ne connaît pas malheureusement la suite de ce procès qui a dû être poursuivi par le lieutenant particulier d'Auxerre.

Un arrêt qui atteint les officiers du bailliage d'Auxerre présente un intérêt particulier et se rattache à un arrêt précédent (1). Il y est fait défense au bailli et au lieutenant d'Auxerre, aux substituts du procureur général du roi et aux autres officiers du bailliage et siège présidial, de prendre des mains des parties aucunes épices pour toutes causes qui se doivent juger sommairement; — leur est fait aussi défense d'élargir les prisonniers pendant les récollements et confrontations de témoins, sous peine de privation de leur état. — Il est ordonné aussi que publication de l'arrêt sera faite à l'audience publique du présidial.

15 décembre. — Un jugement disciplinaire de la Cour, à la poursuite du procureur général, atteignit même plus directement Mᵉ Germain Leclerc, lieutenant général du bailliage d'Auxerre et Mᵉ Henri Leclerc, substitut du même procureur général audit tribunal; c'étaient pourtant des personnages d'honneur et de probité. Ils étaient au nombre de ceux qui étaient visés dans l'arrêt précédent, et même Mᵉ Germain Leclerc avait été arrêté et détenu, par égard pour sa dignité, prisonnier dans le couvent des Cordeliers, sous la garde d'un sergent royal.

La Cour, après interrogatoire des accusés, condamna Mᵉ Germain Leclerc à être suspendu de sa charge pendant trois mois, et à 50 écus sol. d'amende envers les pauvres de la ville; et Mᵉ Henri Leclerc à 25 écus également pour les pauvres, et leur fit en outre défense de « prendre autre chose pour leurs salaires que ce qui est permis par les ordonnances. »

Un autre arrêt du 20 septembre, confirmé le 15 décembre, est d'une gravité terrible, mais on ne donne pas les motifs des condamnations. Il énumère les individus qu'il frappe, et montre que l'action de la Cour s'étendait sur plusieurs provinces. Les condamnations sont uniformes et se résument toutes à *la mort*, la Cour

---

(1) Arrêt du 22 novembre 1583.

ratifiant seulement les jugements des officiers royaux des diffé-
rentes contrées où les crimes ont été commis. Il est vrai que les
coupables sont en fuite ! On en compte 182 de toutes les conditions : nobles, capitaines, soldats, serviteurs, un Grec de nation
et quelques femmes. Les baillages de Sens et d'Auxerre four-
nissent naturellement leur contingent, puis viennent ceux de
Provins, Vitry, Chaumont, Melun, Sezanne, Reims, Vermandois,
Montdidier, Nogent, Laon, etc.

La Cour requiert pour l'exécution de cet arrêt tous les officiers
de justice, les gouverneurs et capitaines des villes ; et, dans le cas
où il serait nécessaire, ordonne aux maires, échevins et capitaines
des châteaux, de leur prêter secours, et « mener le camp » devant
les places de ceux qui résisteraient.

16 décembre. — Arrêt par contumace rendu contre Jean de La
Borde, dit Pétau, demeurant à Coulanges-sur-Yonne, Jean de
Rougemont, demeurant à Bazarne, un nommé La-Motte-Cullon,
demeurant à Trucy-sur-Yonne, et un quatrième nommé Vaudaisy,
dit la Jambe de Bois, demeurant à Mailly-la-Ville.

Jean de La Borde était poursuivi à la requête de Nicolas Morant,
archer du prévôt des maréchaux d'Auxerre, pour rebellion, lui
ayant tiré un coup d'arquebuse dans une poursuite. Ils sont tous
contumaces. La Borde et La Motte-Cullon sont condamnés à être
décapités, du moins en effigie, sur un échafaud qui sera dressé
sur la place du marché de Troyes ; leurs biens seront confisqués,
etc., et ils paieront 200 écus de réparations civiles. De plus, le
château de La Borde sera rasé, etc. Vaudaisy est banni pour cinq
ans du baillage d'Auxerre, et sa maison sera visitée par les officiers d'Auxerre « pour connoître des entreprises et forteresses qui
ont été faites sur la rivière d'Yonne. »

Nous analyserons encore quelques arrêts du Parlement des an-
nées 1613 et 1614.

An 1613.

1er août. — Pierre Riboleau, chirurgien à Fleurigny-près-Sens,
qui avait assassiné Pierre Gonnet, curé de ce lieu, dans l'église,
ayant obtenu des lettres de grâce du Roi, lors du sacre de ce
prince à Reims, se vit toutefois arrêté par le prévôt des maréchaux de Champagne, qui refusa de renvoyer Riboleau devant le
bailli de Sens pour faire entériner lesdites lettres. La Cour ordonne que commission lui sera délivrée pour faire appeler devant elle les parties, etc. — Voyez un arrêt définitif du 10 décembre qui ordonne l'exécution de Ribouleau qui devait être roué
en place de Grève, mais qui fut secrètement étranglé.

3 août. — La Cour confirme une sentence du bailli d'Auxerre condamnant Pierre Badan à comparoir, les plaids tenant (*sic*), en chemise, la corde au col, ayant en main une torche ardente de deux livres, et là, à genoux, déclarer que témérairement... « il a proféré les paroles mentionréez audit procès contre l'honneur de Dieu, dont il se repent et crie merci à Dieu, au Roy et à justice; et de là estre mené et conduict par l'exécuteur de haulte justice devant la grande et principale porte de l'église cathédrale Saint-Estienne d'Auxerre où il feroit semblable déclaration, et oultre condamné à servir le Roy en ses galères comme forçat pendant cinq ans. La Cour, rejettant l'appel de Bedan, ajoute à sa condamnation « qu'il aura les lèvres fendues. »

6 août. — Voici une poursuite contre des sorciers qui troublent les mariages. Deux individus, Jean Thureau et Jacques Cauchois, dit Le Tourneur, ayant été condamnés par le prévôt d'Auxerre à faire amende honorable devant la porte de l'église St-Etienne de cette ville et à être bannis pour cinq ans, « pour avoir par charmes et sortilèges empesché l'effet du mariage à l'endroit de plusieurs habitans d'Auxerre, » la Cour confirme la sentence et ordonne la mise en liberté des coupables (1) après exécution du jugement.

7 septembre. — Un gros procès existait entre Marguerite Spifame, femme séparée de biens d'Antoine de La Rivière, seigneur de Cheny, avec lequel elle s'était mariée en mars 1598, et messire Paul Hurault de l'Hospital, archevêque d'Aix, et François de La Rivière, sieur de Champlemy et les habitants de Cheny, etc. L'archevêque avait fait occuper le château de Cheny pour des raisons non indiquées mais probablement pour des créances sur les propriétaires. D'autres créanciers interviennent également. La Cour ordonne enfin que le château sera remis aux mains des commissaires chargés de sa garde.

17 septembre. — La Cour, dans un procès entre Jean Le Doux, procureur fiscal à Joigny, et le cardinal de Gondy, comte de Joigny, avait ordonné que les témoins assignés contre Le Doux seraient entendus par un conseiller de ladite Cour, mais celui-ci prétextant qu'il tenait comme suspects la ville et le comté de Joigny, « où sont à présent le cardinal de Gondy avec le général des galères et plusieurs autres gentils hommes, la présence desquels tient les témoins en bride, qui sont menacez par les nommés Buchet et Bongard, receveurs dudit seigneur, de les faire pendre », la Cour ordonne que le récollement des témoins se fera en la ville de Villeneuve-le-Roi.

(1) Voyez à la suite du présent rapport, copie du texte de l'arrêt.

28 septembre. — Autre arrêt sur la même question de confrontation de témoins.

An 1614

Un sieur Jacques Gauthier, natif de Rouen, avait été condamné, le 30 octobre 1613, par le prévôt de Sens, à être battu et fustigé de verges devant le portail de l'église St-Etienne de Sens, ayant la corde au cou, puis à être marqué d'un fer chaud sur l'épaule droite et ensuite banni de la ville à perpétuité. Gauthier avait appelé de la sentence au Parlement; mais la Cour confirma la sentence du prévôt. On ignore le motif qui avait amené cette condamnation.

17 janvier. — Un acte curieux en matière de procédure, c'est la déclaration d'inscription de faux faite au greffe du Parlement par messire Claude Leblanc, archidiacre de l'église de Sens, curé de Béon, contre des bulles papales des xiie et xiiie siècles et divers autres documents produits par les religieux de Ste-Colombe au sujet des dîmes de Béon (Voyez *Archives de l'Yonne*, H. 109).

25 février. — Un nommé Claude Duchat, laboureur à Villiers-Bonneux (1), qui avait assassiné Deline Josse, fut condamné par le bailli de Sens à être pendu sur la place du parvis de St-Etienne de cette ville, et auparavant mis à la question ordinaire et extraordinaire pour déclarer ses complices. Duchat fit appel au Parlement qui confirma la sentence du bailli de Sens et ordonna que le condamné serait exécuté en place de Grève. L'exécution ayant eu lieu, Edme Duchat, père de Claude, qui avait été arrêté comme complice est mis en liberté.

3 mars. — Les vols domestiques étaient autrefois punis sévèrement. Le bailli de Joigny avait condamné à être pendu un nommé Jean Drouin, cordonnier, pour s'être introduit de nuit dans la cave de J. Drouin, mercier à Joigny, avec « armes offensives » desquelles il avait blessé la servante de ce dernier. Toutefois, sur appel, le Parlement adoucit la peine, et condamna seulement Drouin à cinq ans de galères et à 200 livres de dommages-intérêts envers J. Drouin, et à 60 livres d'amende envers le seigneur de Joigny.

10 novembre. — Le prévôt de Sens avait condamné à mort, sur la poursuite de Aimée Leclerc, veuve de Me Joachim Leclerc, avocat au bailliage de cette ville, et du substitut du procureur général, et par sentences des 14, 16 et 31 décembre 1610 et 25 janvier 1611, Germain Blesnon et Nicolas Bassey, qui furent exécutés, et par contumace, Sébastien Farinade, avocat au bailliage de cette

_____
(1) Canton de Sergines (Yonne).

ville, et beau-frère du défunt Joachim Leclerc, puis Nicolas Farinade, marchand, détenu alors à la Conciergerie et d'autres, leurs complices. La cause de ces condamnations n'est pas déclarée, mais on peut supposer que c'était la mort violente de Joachim Leclerc qui les avait motivées. La Cour ordonne qu'avant de statuer sur l'appel de Nicolas Farinade, toute la procédure sera communiquée au procureur général du roi.

La suite des arrêts éclairera peut-être cette grave affaire.

15 mars. — La Cour, sur l'appel d'une sentence du bailli de Joigny, condamnant Germain Martin, couvreur, pour vol de plomb sur la porte du pont de cette ville, à être battu de verges par les carrefours et lieux accoutumés de Joigny et sur le pont, un jour de marché, et à être ensuite banni du comté pendant cinq ans, met la sentence à néant, ordonne que Martin sera mis en liberté, et lui enjoint « de bien vivre et se comporter à l'avenir. »

21 mars. — Messire Paul Hurault de l'Hospital, archevêque d'Aix, s'étant inscrit en faux contre un prétendu testament de feu Jean de La Rivière (1), falsifié par Antoine de La Rivière, fils de Jean, condamné à mort, et ce par l'entremise de Valérie Bondau, notaire à Cheny et un autre notaire du même lieu, qu'il avait contraint à l'assister, la Cour ordonne que les deux notaires comparaîtront devant elle pour être ouïs et interrogés.

Une autre affaire de faux fut encore poursuivie contre François de La Rivière, seigneur de Champlemy, à la requête de dame Marguerite Spifame, femme séparée de biens d'Antoine de La Rivière, seigneur de Cheny. La Cour, par arrêt du 7 octobre 1613, ordonna que le bailli d'Auxerre se transporterait au château du sieur de Champlemy pour l'interroger au sujet des nombreux faux dont Mme Antoine de La Rivière l'accusait.

APPENDICE

Arrêt du Parlement confirmatif d'une sentence du prévôt d'Auxerre qui a condamné Jean Thierriat et Jacques Cauchois, au bannissement pendant cinq ans pour avoir pratiqué des sortilèges sur plusieurs habitants d'Auxerre en matière de mariage.

6 août 1613

Veu par la Cour, le procès criminel faict par le prévost d'Auxerre, à la requeste du substitud du procureur général du roy en ladite prévosté, demandeur, en sortilèges et maléfices, contre Jehan Thureau et Jacques Cauchois, dit Le Tourneur, prisonniers

---

(1) Jean de La Rivière, seigneur de Seignelay et de La Rivière, commune de Couloutres (Nièvre), capitaine des gardes du duc d'Anjou.

es prisons de la Conciergerie du pallais, appelans de la sentence contre eulx donnée, par laquelle, pour les cas contenus audict procès, ils auroient esté condamnez à estre menez par l'exécuteur de la haulte justice desdictes prisons d'Auxerre audevant de la grande et principalle porte de l'esglize Saint-Estienne d'Auxerre, estant nudz en chemise, la corde au col, tenant chascun d'eulx en leurs mains une torche de cire ardente du poix de deux livres, et illec, à genoulx, dire et déclarer que malheureusement et contre l'honneur de Dieu et des sainctes constitutions de l'Eglise catholique, apostolique et romaine, abusant du sacrement de mariage, ilz ont par charmes et sortillèges, empesché l'effect du mariage à l'endroict de plusieurs habitans de ladicte ville d'Auxerre, desquelz pour cest effest et pernicieuse action ilz ont illicitement tiré et receu profict par argent et autrement, dont ilz se repentent et requèrent pardon et mercy à Dieu, au Roy, à justice et aux offices par eulx en telz charmes et sortillèges, et que le billet dont ilz se sont servis, contenant motz incogneuz et diabolicques, seroit rompu et bruslé en leur présence, au devant la grand porte d'icelle esglise ; et outre bannis pour cinq ans hors du destroict de ladicte ville et faulxbourgs et banlieue, deffense de s'y trouver pendant ledict temps. Et de plus commettre telz actes illicites à peyne de la hart, et encores condamnez chascun d'eulx à amende aplicable moityé au roy et le surplus par esgalles portions aux couvents des Jacquobins, Cordelliers, pauvres de l'Hospital de la Magdelaine et prisonniers de ladicte ville ; à tenir prison jusques au payement de ladicte somme : ouys et interrogez en ladicte cour lesdictz prisonniers sur leur cause d'appel et cas à eulx imposez, et tout considéré, dict a esté que ladicte cour, après que lesdicts Tureau et Cauchois pour ce mandez en icelle, estant à genoulx, ont esté blasmez, a mis et met ladicte appellation et sentencè de laquelle a esté appellé au néant, ordonne que les prisons leur seront ouvertes.

Prononcé ledict jour. Signé : Lecamus, Camus.

(Archives Nat., Registres des arrêts criminels du Parlement. X, 2a, 143.)

www.ingramcontent.com/pod-product-compliance
Lightning Source LLC
Chambersburg PA
CBHW050414210326
41520CB00020B/6589

9 782011 276469